(Conserver la couverture)

NÉCROLOGIE

M. SIMÉON MACAU,

DÉCÉDÉ A INGHEM

LE 26 AVRIL 1876.

AIRE. — IMPRIMERIE DE GUILLEMIN.

M. SIMÉON MACAU.

Le samedi 29 avril 1876, ont eu lieu dans l'église d'Inghem, les funérailles de M. Siméon Macau, décédé, maire de la commune, à l'âge de 49 ans. Tous les habitants d'Inghem, un grand nombre de parents et amis sont venus lui rendre les derniers devoirs.

M. Labitte, Notaire à Aire, a prononcé sur sa tombe, au milieu de l'émotion générale, les paroles suivantes :

Messieurs,

Permettez-moi de faire trêve un instant à votre douleur et de vous dire quelques mots sur celui que nous pleurons.

Je n'ai pas l'intention de vous faire un discours, ni de vous retracer le tableau des vertus de notre regretté défunt. La modestie de Siméon Macau protesterait, jusque dans sa tombe, contre les éloges pompeux que je pourrais lui adresser.

Mais, Messieurs, quand un homme a été toute sa vie, l'exemple de sa commune, c'est un devoir pour ses amis, de venir tirer la leçon qui se dégage pour tous, d'une existence si bien remplie.

La vie de M. Siméon Macau peut se résumer en deux mots : il a toujours été l'homme de son devoir. Pour cela, il n'a eu qu'à se laisser aller à sa bonté naturelle et à suivre les exemples de cette famille patriarcale, qui lui avait appris, de bonne heure, les principes d'honnêteté et de religion qui sont pour ainsi dire, héréditaires dans cette maison.

Tel était Siméon Macau, au pensionnat de Dohem, où nous avons passé notre jeunesse, tel il s'est retrouvé dans toutes les périodes de son existence : Bon, affable, modeste, toujours prêt à rendre service et pardessus tout, sincèrement catholique.

Ce qu'il était dans la vie privée, il le fut toujours dans la vie publique. Mais ennemi par caractère de tout ce que l'on appelle les honneurs, ce n'est que par dévouement qu'il a accepté les fonctions de maire de la commune d'Inghem, où il a acquis cependant tant de titres à la reconnaissance de ses administrés.

Si la vie de Siméon Macau a été exemplaire, l'on peut ajouter que sa mort a été un sujet d'édification pour tous ceux qui l'ont approché à ses derniers moments.

Dès qu'il eût ressenti les premières atteintes du mal qui devait l'emporter, il ne se fit aucune illusion sur sa position. Jamais les douleurs les plus aigues de la maladie n'ont pu lui arracher une plainte. Quand il vit qu'il ne restait plus d'espoir de le sauver, toutes ses préoccupations consistèrent à se préparer à mourir dignement. Les habitants d'Inghem, tous ses parents et amis, qui ont été témoins de ses derniers jours, l'ont vu constamment occupé à prier et à consoler ceux qui s'affligeaient de sa perte. Il n'oubliait personne et les ouvriers, qu'il avait associés à ses travaux, ne perdront jamais le souvenir des excellentes recommandations, qu'il leur adressait, sur son lit de mort.

Quand, il y a quelques jours, je lui serrai la main pour la dernière fois, les paroles qu'il m'adressa furent une recommandation de prier Dieu pour lui et une affirmation de l'espoir et la confiance de nous revoir dans un monde meilleur !

Qu'est-il besoin d'ajouter encore? L'aspect de cette assistance toute entière, plongée dans le deuil, ne dit-il pas, mille fois mieux que mes paroles, l'immensité de la perte que nous venons de faire et les regrets profonds que M. Siméon Macau laisse en ce monde.

Les pensées de foi et d'espérance ont toujours été les guides de sa vie ; ce sont ces pensées qui doivent être aussi notre consolation.

C'est surtout à cette infortunée sœur qui a été la compagne assidue de Siméon, la confidente de ses pensées, qui a vu mourir successivement et bien avant l'âge, sa sœur et ses deux frères, que nous devons adresser ces gages consolants. La providence, qui mesure les épreuves au degré de son amour, a voulu lui imposer ces lourds sacrifices de la séparation et la charge de continuer, seule de sa génération, les œuvres de dévouement et de charité qui ont toujours inspiré sa famille.

Pour toi, Siméon Macau, repose en paix ! Nous ne te refuserons pas les prières que tu réclamais à ta dernière heure, et, confiants dans la miséricorde de Dieu, nous adoptons le rendez-vous que tu nous as fixé, dans une vie meilleure.

Adieu, mon cher Siméon, et au revoir !

AIRE. — Imprimerie de Guillemin.

www.ingramcontent.com/pod-product-compliance
Lightning Source LLC
Chambersburg PA
CBHW061626040426

42450CB00010B/2684